GESICHTER DES
BUDDHISMUS

MATTHIEU RICARD

Impressum

Die Originalausgabe erschien unter dem Titel *Visages de paix, terres de sérénité*
© 2015 Éditions de La Martinière, une marque de La Martinière Groupe, Paris

Rechte der deutschsprachigen Ausgabe © 2016 Frederking & Thaler Verlag
in der Bruckmann Verlag GmbH, München

Verantwortlich: Dorothea Sipilä
Übersetzung: Karin Weidlich, München
Redaktion und Satz: VerlagsService Dietmar Schmitz GmbH, Heimstetten
Herstellung: Bettina Schippel
Printed in Slovenia by Floriancic

Sind Sie mit diesem Titel zufrieden? Dann würden wir uns über Ihre Weiterempfehlung freuen.
Erzählen Sie es im Freundeskreis, berichten Sie Ihrem Buchhändler oder bewerten Sie bei Onlinekauf.
Und wenn Sie Kritik, Korrekturen, Aktualisierungen haben, freuen wir uns über Ihre Nachricht an Frederking & Thaler Verlag, Postfach 40 02 09, D-80702 München oder per E-Mail an lektorat@verlagshaus.de.

Unser komplettes Programm finden Sie unter:

Alle Angaben dieses Werkes wurden vom Autor sorgfältig recherchiert und auf den neuesten Stand gebracht sowie vom Verlag geprüft. Für die Richtigkeit der Angaben kann jedoch keine Haftung übernommen werden.

Bildnachweis: Alle Bilder im Innenteil und auf dem Umschlag stammen von Matthieu Ricard
Umschlagvorderseite: Tibetische Mönche des Klosters Shechen, hier auf einem Gipfel hoch über dem Genfer See
Umschlagrückseite v.l.n.r.: Kinder an einer Schule in Gemang, Tempelanlage Borobudur in Java, Yogis im Nordosten Tibets (Amdo)

Die Deutsche Nationalbibliothek verzeichnet diese Publikation in der Deutschen Nationalbibliografie; detaillierte bibliografische Daten sind im Internet über http://dnb.d-nb.de abrufbar.

ISBN 978-3-95416-202-4

GESICHTER DES
BUDDHISMUS

MATTHIEU RICARD

FREDERKING & THALER

Hügelketten des Himalaya im Nebeldunst, Blick von oben, Nepal, April 2009.

RECHTS:
Himalaya-Bergkette aus der Vogelperspektive, Nepal, November 2008.

Osttibet, Provinz Amdo (Qinghai). Luftbild, Juli 2014.

LINKS:
Zentraltibet. Luftbild, Juli 2014.

Kangyur Rinpoche (1897–1975), einer der größten tibetischen Lehrmeister des 20. Jahrhunderts, zog sich viele Jahre zur Kontemplation zurück, bevor er seine Heimat von Ost nach West durchreiste und sein Wissen allen Interessierten weitergab. Angesichts der bevorstehenden chinesischen Invasion verließ er Tibet und rettete einen wahren Schatz an Texten. Kangyur Rinpoche lebte anschließend in den Bergen von Darjeeling in Indien, wo er unter seinen zahlreichen Schülern auch eine große westliche Anhängerschaft gewann.

DAS GESICHT ALS SPIEGEL DER SEELE

*»Was uns fesselt, ist der Ausdruck des ganzen Gesichts, ja gar des ganzen Wesens eines Menschen (…),
die Schwingungen, die der Kopf in den Raum abgibt, strahlen gleichsam ins Unendliche aus«.*
Jules Romains[1]

Im Jahr 1966 – da war ich 20 Jahre alt – zeigten mir zwei enge Freunde, Frédérick Leboyer und Arnaud Desjardins, die Porträts großer spiritueller tibetischer Lehrmeister, denen sie kurz zuvor im indischen Himalaya-Gebirge, in den Bergen von Darjeeling, Kalimpong und Sikkim, begegnet waren. Diese Porträts sowie die von Arnaud mitgebrachten Filme veränderten mein Leben von Grund auf, ganz so, als hätte man mir ein Porträt von Sokrates oder des heiligen Franz von Assisi gezeigt. Ich konnte mich an ihnen gar nicht sattsehen. Zutiefst inspiriert, unternahm ich meine erste Reise nach Indien, um mich diesen Menschen zuzuwenden. Sieben Mal pendelte ich zwischen dem Institut Pasteur, wo ich an meiner Doktorarbeit in Zellulargenetik schrieb, und Darjeeling hin und her, bis ich mich 1972 entschied, Frankreich zu verlassen, um bei einem dieser Lehrmeister zu leben: Kangyur Rinpoche, der mich am meisten inspiriert hatte.

Es waren also Porträts, die für mich den Anstoß gaben, im Himalaya zu leben, zu einem Leben, das nun fast ein halbes Jahrhundert andauert und das ich mit Forschung und Glaubenspraxis bei diesen Lehrmeistern verbrachte. Und in dieser Zeit wurden mir die Intensität ihrer Gegenwart, ihre Weisheit und ihre liebevolle Güte zuteil.

Danach fiel mir die Aufgabe zu, sie zu porträtieren. Es war keineswegs leicht, diese großen spirituellen Lehrmeister im Bild festzuhalten. Nicht dass sie das abgelehnt hätten; tatsächlich erlebte ich immer wieder, dass die Gegenwart eines Fotografen weder ihre Natürlichkeit noch ihr Handeln beeinflusste. Es war für sie ohne jede Bedeutung, wie sie abgebildet wurden, sie nahmen keine Posen ein, um ihre Person in Szene zu setzen. Eher fühlte man sich als Fotograf unbehaglich, weil man immer die Versuchung spürte, ihre Präsenz voll und ganz auf sich wirken zu lassen, anstatt sie durch das etwas aufdringliche Auge einer Kamera zu betrachten.

Wenn ich auf meine Arbeit zurückblicke, freue ich mich darüber, dass ich Hunderte dieser Lehrmeister porträtieren konnte, schon weil viele von ihnen heute nicht mehr unter uns sind. Diese Bilder bleiben uns als kostbare Zeugnisse ihres authentischen Seins. Einige dieser Fotografien haben wiederum andere inspiriert und manches Mal auch das Leben dieser Menschen verändert.

In den Yakhaar-Jurten von Nomadenfamilien in den tibetischen Hochebenen stieß ich wieder auf die Porträts von Dilgo Khyentse Rinpoche, bei dem ich 13 Jahre meines Lebens verbracht hatte, nachdem mein erster Lehrmeister, der in den Tempeln von Bhutan wirkte, verstorben war. Seine Porträts fand ich auch bei aktiven Anhängern des tibetischen Buddhismus, die über die fünf Kontinente verstreut sind.

Während all dieser Jahre fotografierte ich auch einfache Leute, Mönche und Nonnen, raue Bergbewohner in Bhutan und Tibet, osttibetische Khampa-Frauen mit zeremoniellem Kopfschmuck aus Türkis, Bergkoralle und Bernstein, ebenso wie Kinder, die mit Freude und Begeisterung in den von uns gebauten Schulen in Nepal und Tibet lernen – dank der Unterstützung durch Karuna-Shechen, einen humanitären Verein, den ich mit einigen Freunden und Wohltätern gründete.

Das Medium der Fotografie wird leider allzu häufig darauf reduziert, vor allem Tragödien möglichst ergreifend wiederzugeben. Ich persönlich aber legte den allergrößten Wert auf mein Bekenntnis zur inneren Schönheit der menschlichen Natur, um all jenen wieder neues Vertrauen und Hoffnung zu schenken, die an der Nächstenliebe und dem Mitgefühl der Menschheit zweifelten. Deshalb hielt ich lieber Lächeln statt Traurigkeit, Wohlwollen statt Bosheit, Unbefangenheit statt Pose im Bild fest. Es geht nicht darum, die aus Gewalt, Verfolgung und Grausamkeit erwachsenden Dramen dieser Welt zu verdrängen, sondern die Alltäglichkeit des Guten hervorzuheben, die in unserem Leben häufiger spürbar wird als die Trivialität des Bösen.

WAS INNERE SCHÖNHEIT BEDEUTET

Nach buddhistischem Verständnis bedeutet Schönheit, dass unsere Wahrnehmungen mit dem innersten Wesen des Menschen in Einklang stehen. Schön sind aus dieser Sicht Nächstenliebe und Mitgefühl, während Unversöhnlichkeit und Eifersucht hässlich machen. Diesen Lehren zufolge ist das Wesen des Buddha in jedem Lebewesen gegenwärtig. Je stärker wir mit unserem Innersten im Einklang stehen, desto mehr entdecken wir die Schönheit, die uns allen innewohnt. Die höchste Schönheit ist der vollendete Einklang mit dem Wesen des Buddha, der höchsten Erkenntnis, der Erweckung. Beim Anblick eines sehr edlen Menschen, eines Weisen, eines spirituellen Lehrmeisters mit großer Ausstrahlung, erkennen wir intuitiv, dass wir uns in der Gegenwart einer großen geistigen Schönheit befinden; denn in seinem Gesicht erstrahlt vollendete Harmonie.

Schönheit beschert uns ein Gefühl der Fülle. Wir unterscheiden zwischen relativer Schönheit – sei es von Gesichtern oder Landschaften –, die uns vorübergehend zufriedenstellt, und absoluter Schönheit, die dauerhaft Fülle schenkt.

Die Schönheit lässt sich auch als Harmonie zwischen den Teilen und dem Ganzen betrachten. Aus diesem Grund gibt es in der buddhistischen Kunst eine sehr präzise Ikonografie, mit der die idealen Proportionen für Buddha-Darstellungen definiert sind. Mithilfe eines Rasters werden Augenkonturen, Gesichtsform und verschiedene Körperpartien exakt komponiert. Diese Züge sind die äußeren Spiegelungen der vollendeten Harmonie der Erweckung. Nach buddhistischer Lehre sind die Schönheit und Harmonie des Buddha-Gesichts die Frucht einer Anhäufung tugendhafter Taten über unermessliche Zeitzyklen hinweg.

DAS GESICHT ALS SPIEGEL DER SEELE

Nach Millionen von Jahren der Evolution stellen das menschliche Gesicht, aber auch die Mimik zahlreicher Tiere ein außergewöhnlich reiches und sehr komplexes Repertoire an Gefühlen, Gemütszuständen, Absichtsäußerungen und Reaktionen dar, um mit dem jeweiligen Umfeld zu kommunizieren. In Verbindung mit Körperhaltung, Tonfall der Stimme und Sprachinhalt – sofern Menschen diese Nuancen beherrschen – erweisen sich die vielfältigen Ausdrucksweisen, die von etwa 80 Gesichtsmuskeln variiert und kombiniert werden können, als wichtige Informationsträger in den Beziehungen zwischen Menschen, im Lernprozess und beim sozialen Zusammenhalt. Darin drückt sich eine große Bandbreite an Emotionen aus, wie etwa Wohlwollen oder Aggressivität, Ausgeglichenheit oder Wut, Freude oder Traurigkeit, Angst oder Überraschung, Anziehungskraft oder Abscheu, Bewunderung oder Verachtung. Bestimmte Gesichtsausdrücke sind unmissverständlich, andere wiederum sind schwieriger zu entschlüsseln; denn sie ergeben sich aus einer Gemengelage der Gefühle. Paul Ekman und Wallace Friesen konnten 7000 verschiedene Gesichtsausdrücke erfassen, die das Zusammenspiel der Gesichtsmuskeln[2] bewirken kann.

Bestimmte Regungen sind beabsichtigt – etwa ein Lächeln oder eine Drohmimik –, andere entstehen unwillkürlich und meist unbewusst, wie das bei den unzähligen Mikroexpressionen der Fall ist, die nur eine Dreißigstelsekunde dauern und die – ohne dass wir es wissen – unsere absichtlich verborgenen Seelenzustände und Reaktionen offenbaren. Die Fähigkeit, intuitiv oder bewusst diese flüchtigen Gesichtsausdrücke zu entschlüsseln, ist eine wichtige Komponente der Empathie und der emotionalen Intelligenz.

Andere Gesichtsausprägungen bringen Gestimmtheiten beständiger zum Ausdruck, ja sogar Charakterzüge. Auf einigen in diesem Buch gezeigten Porträts strahlen alte Männer von innen heraus übers ganze Gesicht, oder ihre schmalen, faltigen Lippen erinnern an ein hartes, tapferes Leben, bedingt durch die widrigen Lebensverhältnisse in Tibet.

Während jedoch Gesprochenes vergänglich ist, bleibt das Gesicht immer präsent; es kann sich dem Blick des anderen nicht entziehen, es sei denn, das Gegenüber trägt eine Maske oder einen Schleier. Auch wenn wir versuchen, unsere Gefühle und Absichten zu verbergen, so verraten wir uns doch meist durch die Haltung, die sich unwillkürlich in unserem Gesicht ausdrückt. Selbst wenn es in bestimmten Fällen möglich ist, den anderen zu täuschen, indem wir Gefühle zeigen, die wir gar nicht empfinden, oder aber so tun, als fühlten wir gar nichts.

VON DER UNIVERSALITÄT DER GESICHTSAUSDRÜCKE

Schon vor ihrer systematischen Erforschung wurde die Frage der Universalität menschlicher Gefühle und der zugehörigen Gesichtsausdrücke kontrovers diskutiert. Einige Anthropologen wie Margaret Mead und Ray Birdwhistell dachten, dass sich Gesichtsausdrücke wie auch Werte, Sitten und Sprache von Kultur zu Kultur unterscheiden. So vermutete Birdwhistell, dass es »wahrscheinlich keine universell geprägten Gemütszustände« gebe.[3] Andere wiederum, wie etwa Silvan Tomkins, nahmen an, dass bei gefühlsbedingten Gesichtsausdrücken kulturunabhängige Invarianten bestünden. Inzwischen liegen aufgrund systematischer Arbeit quantitative Daten vor, mit denen die Frage endgültig geklärt werden konnte. Demnach gilt es als bewiesen, dass die Gesichtsausprägungen der wichtigsten menschlichen Gefühle universell sind.

In den 1960er-Jahren zeigte Paul Ekman Menschen aus 21 verschiedenen, weltweit verstreuten Kulturen Fotografien von europäischen Gesichtern, die die grundlegendsten Emotionen wie Angst, Ekel, Wut, Trauer, Überraschung und Freude ausdrückten. Menschen aus allen Kulturen und Gesellschaftsformen konnten diese Gefühle mühelos identifizieren. Im Jahr 1967 erforschte Ekman in Neuguinea die Gesichtsausdrücke bei einem Ureinwohnerstamm, der noch in der Steinzeit lebte und dessen kulturelle Integrität noch nicht durch Kontakte mit der Außenwelt verfälscht war. Ekman zeigte den Stammesangehörigen die gleiche Bilderserie mit europäischen Gesichtern, und auch hier vermochten alle ohne Zögern die Emotionen zu erkennen und in ihrer Sprache präzise zu beschreiben.

Daraufhin bat Paul Ekman die Betrachter, diejenigen Fotografien auszuwählen, die ihren Gefühlen entsprächen, wenn sie sich mit jemandem prügeln wollten, wenn gerade eines ihrer Kinder gestorben wäre oder wenn ein Freund, den sie seit Langem nicht gesehen hatten, in ihrem Dorf auftauchte. Danach legte er die Fotografien mit diesen Gesichtsausdrücken wiederum einer Gruppe amerikanischer Studenten vor und stellte fest, dass auch diese die betreffenden Emotionen problemlos benennen konnten.

Im Jahr 1872 behauptete Charles Darwin in seinem Werk *Der Ausdruck der Gefühle bei dem Menschen und den Tieren*[4], dass die Gefühle ein Produkt der Evolution seien und dass sie demnach eine verbindende Kraft für die Menschheit als Ganzes repräsentierten. Außerdem erkläre der evolutive Ursprung der Gefühle die Tatsache, dass wir viele Gefühle mit den Tieren teilen. Inzwischen wissen wir aber, dass sich bei den menschenartigen wie auch bei den übrigen Primaten bemerkenswert ähnliche Gesichtsausdrücke manifestieren. Das gilt für ihre

Physiognomie, die zugrunde liegenden Emotionen und die sozialen Kontexte, in denen Gefühle ausgedrückt werden.[5] Zwischen Eltern und ganz kleinen Kindern ist das Gesicht vor dem Spracherwerb das wesentliche Kommunikationsmittel.[6] Die Gefühle finden auch durch physiologische Zustände und ganz bestimmte zerebrale Aktivierungen ihren Ausdruck.[7]

ÜBER DEN AUSDRUCK VON GEFÜHLEN

Allerdings bestehen deutliche kulturelle Unterschiede angesichts der Umstände, die das eine oder andere Gefühl auslösen können, und der Intensität dieser offen gezeigten Gefühle. Bestimmte Kulturen fördern den freien Ausdruck von Emotionen, während es bei anderen zum guten Ton gehört, seine Empfindungen allenfalls diskret zu äußern. Den Menschen der buddhistischen Himalaya-Kultur, deren Porträts einen Großteil dieses Buchs ausmachen, gelingt es, sich im Ausdruck ihrer Emotionen – vor allem, was negative Gefühle wie Wut betrifft – stärker im Zaum zu halten.

Erfahrungsgemäß lassen sich Gefühle und geistige Regungen, sowie sie aufkommen, durch Übung und Wachsamkeit besser erkennen und bewältigen. Zu diesem Achtsamkeitstraining gehört auch das Wachstum stimmiger Gefühle wie Empathie, Mitgefühl und Nächstenliebe. Zwangsläufig beinhaltet es auch die systematische Arbeit an geistiger Klarheit, um die Kluft zwischen unseren gedanklichen Projektionen und dem, was wirklich ist, abzubauen. An den hier porträtierten Gesichtern spiritueller Lehrmeister und anderer Meditationserfahrener wird die Frucht einer solchen Übung ablesbar.

Demnach finden wir im Gesicht ein Ausdrucks- und Kommunikationsmittel von unendlicher Vielfalt, mit einer ganzen Palette an Ausdrucksmöglichkeiten, welche in menschlichen Beziehungen sowie im Wissen um uns selbst und unsere Mitmenschen eine wichtige Rolle spielen. In diesem Sinn wird auch das fotografische Porträt zum kunstvollen Mittel, das den grenzenlosen Reichtum menschlicher Ausdrucksformen abbildet.

1 Romains, Jules, *Les hommes de bonne volonté* (dt. *Die guten Willens sind*), Paris, Flammarion, 1958, Band II, XVI (Romanzyklus), S. 18. © Flammarion
2 Ekman, Paul/Friesen, Wallace V., »The Repertoire of Nonverbal Behavior: Categories, Origins, Usage, and Coding«, *Semiotica*, 1969, Band 1, Nr. 1, S. 49–98.
3 Birdwhistell, Ray L., *Kinesics and Context: Essays on Body Motion Communication*, Philadelphia, University of Pennsylvania Press, 2010.
4 Darwin, Charles, *L'Expression des émotions chez l'homme et les animaux* (dt. *Der Ausdruck der Gefühle bei dem Menschen und den Tieren*) [1872], Paris, Rivages, Sammlung »Petite Bibliothèque«, 2001.
5 Siehe Redican, William K., »An evolutionary perspective on human facial displays«, in Ekman, Paul u.a., *Emotion in the Human Face*, San Francisco, Malor Books, 2013, S. 212.
6 Ekman, Paul/Friesen, Wallace V./Ellsworth, Phoebe C. u.a., *Emotion in the Human Face: Guidelines for research and an integration of findings* [1972], Burlington, Elsevier, 2013.
7 Ekman, Paul/Levenson, Robert W./Friesen, Wallace V., »Autonomic nervous system activity distinguishes among emotions«, in *Science*, 1983, Band 221, S. 1208–1210. Ekman, Paul/Davidson, Richard J., *The Nature of Emotion: Fundamental Questions*, New York, Oxford University Press, 1994. Heute wird das von Ekman und Friesen entwickelte Facial Action Coding System (FACS) von Hunderten von Forschern weltweit angewandt.

Kangyur Rinpoche, Darjeeling, Indien,
Juli 1968.

Kangyur Rinpoche, Darjeeling, Indien, Juni 1967.

Dilgo Khyentse Rinpoche (1910–1991), einer der großen Lehrmeister des Tibetischen Buddhismus in Nepal. Als Eremit, Gelehrter, Dichter und Künstler war er einer der wichtigsten Bewahrer des geistigen Erbes von Tibet und einer der Lehrer des 14. Dalai Lama. Ganze 30 Jahre verbrachte er in kontemplativer Zurückgezogenheit, den Rest seines Lebens widmete er unermüdlich der Glaubenslehre. Seine Schriften umfassen 25 Bände.
Dilgo Khyentse Rinpoche hatte in den vier Schulen des Tibetischen Buddhismus unzählige Schüler. Er war spiritueller Lehrmeister par excellence, ein Mensch, dessen Reise nach innen mit einer außergewöhnlichen Erkenntnistiefe verbunden war, und der für alle Heilsuchenden zu einer Quelle der Liebe und der Weisheit geworden war. Darjeeling, 1975.

Khandro Lhamo, Gattin von Dilgo Khyentse Rinpoche, im Alter von 75 Jahren, 1987.

Dilgo Khyentse Rinpoche, Kloster Shechen, Nepal, 1981.

Im Herzen der großen Flussschlinge des Brahmaputra, in einer der letzten Gegenden der Welt, die bis Ende des 20. Jahrhunderts unerforscht blieb, ragt der schneebedeckte, 7782 Meter hohe Gipfel des Namjagbarwa auf. Dort, im tibetischen Teil des Himalaya, stürzen die Wassermassen des majestätischen Tsangpo (»vom höchsten Gipfel herabkommendes Wasser«) unterirdisch in die Tiefe. Nach 150 Kilometern und 2700 Metern Höhenunterschied talwärts tritt der Gebirgsfluss erneut an die Oberfläche. 1998 entdeckten amerikanische Forscher den legendären »verborgenen Wasserfall«, dessen Existenz man schon seit Langem vermutet hatte. 1990.

RECHTS:
Sogar im August ist der Weg rund um den heiligen Berg A'nyê Maqên (6282 Meter) oft verschneit. Alljährlich legen Tausende von Pilgern auf ihrer Bergumwanderung einen Fußmarsch von vier bis fünf Tagen zurück. Hier hat auch der Machu seinen Ursprung – in China wird er dann zum Gelben Fluss (Huanghe). Provinz Golog, Osttibet, 2001.

Im Galopp über das Grasland: Khampa-Reiter eskortieren den Wagen des Dilgo Khyentse Rinpoche. Die Khampa beziehungsweise die Ureinwohner Osttibets gehören zu den besten Reitern der Welt. 1985.

Mit wehenden weißen Schals als bereitwillige Opfergabe drängen die Mönche und Lamas des Klosters Shechen (Osttibet) dem Klostereingang zu, um an den Willkommensfeierlichkeiten zu Ehren des aus Nepal angereisten Klosterabts, Shechen Rabjam Rinpoche, teilzunehmen. 1995.

Nomaden harren erwartungsvoll am Straßenrand aus. Selbst im Sommer tragen sie Mäntel aus dickem Schafsfell. Umgeben von Weihrauchschwaden sind sie gekommen, um Dilgo Khyentse Rinpoche nach seinem 30-jährigen Exil bei der Rückkehr in seine osttibetische Heimat zu empfangen. 1985.

LINKS:
Mönche des Klosters Shechen (Provinz Kham, Osttibet) bilden eine Reiterkolonne, um Dilgo Khyentse Rinpoche zu empfangen. Ihre Wangen sind gerötet vom eisigen Wind, der in diesen Regionen weht. Als Zeichen des Willkommensgrußes tragen sie Hüte aus weißem Baumwoll- und Bambusstoff. Sie stehen bereit, um Khyentse Rinpoche nach dessen Rückkehr aus drei Jahrzehnten Exil auf den letzten 15 Kilometern bis zum Kloster zu begleiten. 1985.

Auf einem Tragsessel sitzend durchquert Dilgo Khyentse Rinpoche die Grassteppe vor dem kürzlich wiederaufgebauten Kloster Shechen (Osttibet) – auf 3800 Meter Höhe über dem Meeresspiegel. 1987.

Dilgo Khyentse Rinpoche wird von zwei Mönchen empfangen, die anlässlich seiner Rückkehr aus dem indischen Exil bei der Ruinenstätte von Shechen auf Gyaling-Trompeten tibetisch-buddhistische Ritualmusik spielen. Das Kloster wurde im Zuge der chinesischen Kulturrevolution dem Erdboden gleichgemacht. 1985.

Im Gesicht dieser osttibetischen Kham-Männer und -Frauen drücken sich der unerschütterliche Mut und die tiefe Frömmigkeit eines Volkes aus, dessen Glaube und Entschlossenheit Jahrzehnten der Unterdrückung und der Propaganda getrotzt haben. 1985.

Dilgo Khyentse Rinpoche und Khenpo Pema Wangyal, ein spiritueller Lehrmeister, der dem Kloster Guemang vorsteht und nach der chinesischen Invasion in Tibet geblieben ist, finden sich nach 30 Jahren Trennung wieder. Sie begrüßen sich auf traditionelle Art, indem eine Stirn die andere berührt – eine Geste herzlicher Freundschaft und gegenseitigen Respekts. 1985.

Nach dem langen Exil trifft Dilgo Khyentse Rinpoche wieder auf einen seiner alten Freunde im Kloster Mindroling, Zentraltibet. Dieser betagte Mann ist ein Altmeister des spirituellen Rückzugs, der in den berühmten Kangri Thökar-Einsiedeleien praktiziert wird. Dort meditierte auch Longchen Rabjam, ein großer Heiliger und Gelehrter des 14. Jahrhunderts. 1985.

Nomaden aus der Region Tsedrum empfangen uns zum Auftakt eines großen Projekts: Geplant ist der Bau von acht Brücken über einen reißenden Gebirgsfluss, mit Unterstützung unseres humanitären Vereins Karuna-Shechen. Im Kang-Tal in der Provinz Denkhok, Osttibet. Juli 2005.

Dilgo Khyentse Rinpoches Reise von Derge nach Dzongsar (Provinz Kham, Osttibet) wird in einem kleinen Zelt am Wegesrand für kurze Zeit unterbrochen. Hier bereitet ihm eine ganze Familiensippschaft einen bescheidenen Empfang. Die Reisenden legen eine Ruhepause ein, um sich mit einem Gastmahl zu stärken. Alle, ob jung oder alt, suchen seine Nähe, doch nur die Ältesten kennen Dilgo Khyentse Rinpoche noch von früher. Bewegt und oft zu Tränen gerührt, tauschen sie sich über Neuigkeiten aus. 1988.

Trotz heftiger Regengüsse drängt sich eine große Menge Nomaden am Eingang und um das Zelt herum. Sie alle hoffen auf eine Begegnung mit dem nach Osttibet zurückgekehrten spirituellen Lehrer, der infolge der chinesischen Kulturrevolution viele Jahre im Exil verbracht hat. Stundenlang verharren sie in stummer Betrachtung und können sich an dem großen Meister gar nicht sattsehen. Der typische Kopfschmuck der Frauen besteht aus Türkis und Bergkoralle. 1995.

Ein 12-jähriger Mönch, Neffe des Meisters der Heiligen Tänze, probt für das alljährliche Fest im Kloster Shechen, Osttibet. 1988.

RECHTS:
Am ersten Tag des alljährlichen Fests der Heiligen Tänze im Kloster Shechen proben die Mönche in ihren gewöhnlichen Mönchskutten mit einfachen gelben Schals als einzigem Schmuck. Erst am zweiten Tag tragen sie die vollständige Brokattracht und geschnitzte Masken aus Holz oder Pappmaché. Hier hat sich bereits ein begeistertes Publikum versammelt. Juni 1985.

Tanzvorführung zum tibetischen Nationalepos »König Gesar von Ling«, einem zwei Tage dauernden Spektakel. Kloster Shechen, Osttibet, Juni 2010.

FOLGENDE DOPPELSEITE:

LINKS: Jung und Alt stehen zum Empfang von Dilgo Khyentse Rinpoche bereit, der aus seinem Exil nach Osttibet zurückkehrt. Kloster Shechen, 1985.

RECHTS: Der Höhepunkt des zweitägigen alljährlichen Fests der Heiligen Tänze im Kloster Shechen (Osttibet) ist die Aufführung der »Acht Erscheinungsformen des Padmasambhava«, jenem indischen Lehrmeister, der im 8. Jahrhundert den Buddhismus in Tibet einführte. Im Rahmen seines Wirkens zum Wohl allen Lebens auf Erden nahm Padmasambhava vielerlei Gestalt an: als Erscheinung eines Buddhas, eines Königs, eines Yogis oder eines Gelehrten; manchmal nahm er auch furchterregende Formen an, um den spirituellen Weg von allen Hindernissen frei zu machen. Der Tanz der acht Erscheinungen ist der Schlüsselmoment des ganzen Fests. An diesem Spektakel für begeisterte Gläubige nehmen knapp 200 Mönche teil. Mit Padmasambhava an der Spitze des Festzugs, begleitet von König Trisong Detsen, dem Abt Shantarakshita und seinen zwei wichtigsten spirituellen Gefährtinnen – Yeshe Tsogyal, der Königin von Tibet, und der indischen Prinzessin Mandarava –, sind die acht Erscheinungsformen und ein ganzer Prozessionstross Teil der Inszenierung. Das Publikum wirft sich vor ihm und seinem Gefolge ehrerbietig zu Boden und reicht weiße Seidenschals als rituelle Opfergabe dar. Nach diesem langwierigen Akt des Glaubensbekenntnisses, der an die Mysterien des Mittelalters erinnert, werden der Reihe nach die acht rituellen Tänze aufgeführt. 1988.

Diese jungen Novizen werden an der Prozession teilnehmen, die alljährlich im Rahmen des Fests der Heiligen Tänze im Kloster Shechen (Osttibet) stattfindet. Juni 2007.

Ein Mönch mit gelüfteter Maske verfolgt aufmerksam das Geschehen, während er auf seinen Auftritt beim Fest der Heiligen Tänze wartet. Kloster Shechen, Osttibet, 2003.

LINKS:
Fest der Heiligen Tänze im Kloster Shechen. Die Teilnehmer warten auf den Auftakt des Spektakels. Der ältere Tänzer stellt König Ashan dar, der Überlieferung nach einer der chinesischen Schüler und Wohltäter des Buddhas. Die sechs Kinder in seinem Umfeld symbolisieren die Sinneserfahrungen, die uns versklaven, die aber auch durch Meditation in Weisheit verwandelt werden können. 1989.

Drängende Zuschauermengen (links, 2000; rechts, 2007): Alle wollen das alljährliche Fest der Heiligen Tänze im osttibetischen Kloster Shechen möglichst hautnah erleben.

FOLGENDE DOPPELSEITE:

LINKS: Dilgo Khyentse Rinpoche bei seiner erstmaligen Rückkehr nach Tibet im Jahr 1985, nachdem er 30 Jahre seines Lebens im Exil in Indien und in Bhutan verbracht hat. Mehrmals am Tag versammelt sich unterhalb des Fensters zu seinem Zimmer eine dichte Menschenmenge, um den Segen des Lehrmeisters zu empfangen. Kloster Shechen.

RECHTS: 1995 kehrt Shechen Rabjam Rinpoche nach Tibet zurück, um das Kloster Shechen zu besuchen. Wo er auch hinkommt, wird er mit der gleichen Inbrunst empfangen wie zuvor Khyentse Rinpoche. Hier spendet er den Klostermönchen und den zahlreich erschienenen Nomaden den Segen für ein langes Leben.

Dilgo Khyentse Rinpoche, einer der wichtigsten Lehrer der Nyingma-Tradition, der ältesten der vier Traditionen des Tibetischen Buddhismus, hier in Bhutan.

RECHTS:
Der junge Urgyen Jigme Tenzin Lhundrup, hier im Alter von zwölf Jahren, der als Inkarnation des Dilgo Khyentse Rinpoche anerkannt wurde, vollzieht ein Feuerritual durch Verbrennung einer Opfergabe. Paro, Bhutan, 2006.

Tibetische Frau in der Menschenmenge anlässlich der Rückkehr eines inkarnierten Lama, nämlich des Dzongsar Jamyang Khyentse Rinpoche. Hier kommt er zu einem zweiten Besuch seines osttibetischen Klosters Dzongsar, das während der Kulturrevolution zerstört und danach von der einheimischen Bevölkerung wiederaufgebaut wurde. Die Nomaden bescheren ihm einen überwältigenden Empfang mit einem sagenhaften Aufgebot an Menschen zu Fuß und hoch zu Ross. August 2004.

Eine Menge aus Nomaden wartet vor dem Kloster Shechen in Osttibet. 2010.

Khenpo Pema Wangyal, ein betagter Lehrmeister, tritt im Kloster in Osttibet vor die wartende Menschenmenge. 2002.

Junge buddhistische Mönche am Kloster Shechen, Nepal, 2013.

Ein Vierteljahrhundert nach der Rückkehr Dilgo Khyentse Rinpoches aus dem Exil besucht der als seine Reinkarnation erkannte junge Lama im Jahr 2010 seinerseits dieselben osttibetischen Orte. Er wird dort mit der gleichen Begeisterung empfangen wie sein Vorgänger.

Tibetische Frau mit ihrem Kind unter Tausenden von Menschen, die sich auf 3800 Meter Höhe im Hochtal von Shechen versammelt haben, um den Segen der jungen Inkarnation von Dilgo Khyentse Rinpoche zu empfangen. 2010.

Gläubige drängen sich in Scharen: Sie strecken ihre Hände aus, um Wasser zu empfangen, das von einem durchreisenden spirituellen Lehrmeister gesegnet wurde. Kloster Shechen, Osttibet, 2007 (links) und 2010 (rechts).

Im Osten Tibets, in der Provinz Kham, tragen die Frauen beim großen Mani-Genkok-Fest einen großen Bernstein und schweres Geschmeide aus Bergkoralle, Türkis und Achat – ein Kopfschmuck, den sie von ihren weiblichen Vorfahren geerbt haben. Juli 2004.

WOHLWOLLENDE BEZIEHUNGEN

*»Der einzige Weg, der etwas Hoffnung auf eine bessere Zukunft
der Menschheit beschert, liegt in Kooperation und Partnerschaft.«*
Kofi Annan[1]

Unser Leben baut auf wohlwollenden, neutralen oder feindlichen Beziehungen zu unseren Mitmenschen auf und besteht aus positiven, aber auch aus negativen Erfahrungen. Wir erleben täglich, wie abhängig alle Menschen voneinander und von ihrer Umgebung sind. Diese vielfältigen Abhängigkeiten drücken sich in unterschiedlichsten Lebenslagen aus. Ich durfte persönlich bei spirituellen Lehrmeistern in Bhutan, Nepal oder Tibet intensive Momente erleben. Einige wohnten in einer einfachen Holzhütte an der Lichtung eines Himalaya-Waldes, andere wiederum brachten Tausenden von Menschen über Wochen hinweg ihren Glauben näher. Als Schüler hatte ich die Gelegenheit, Einblick in das Leben dieser Lehrer zu nehmen und Zeuge ihrer Weisheit und ihres Wohlwollens zu werden. Aus dieser Haltung heraus gaben sie jedem Einzelnen Empfehlungen für die persönliche Entfaltung im Zeichen seines Glaubens. Über Jahre hinweg führte ich ausschließlich ein Leben in Gemeinschaft. Unsere nepalesische Klostergemeinschaft von Shechen beherbergt derzeit 600 Mönche. Ich war bevorzugter Zeuge von Begegnungen zwischen Seiner Heiligkeit Dalai Lama und Dilgo Khyentse Rinpoche. Dabei traten sich die zwei herausragenden Lehrmeister in tiefster gegenseitiger Demut gegenüber. Während meiner 40 Jahre des Lebens im Himalaya fotografierte ich sie in solchen Momenten – immer so, wie es die Umstände gerade zuließen.

SOZIALE VERNETZUNG – VORAUSSETZUNG FÜR ÜBERLEBEN UND GLEICHGEWICHT

Unser Überleben hängt stark von unserer Fähigkeit ab, mit anderen allseits vorteilhafte Beziehungen aufzubauen. Die Menschen tragen ein tiefes Bedürfnis nach Verbundenheit, gegenseitigem Vertrauen, Liebe und Gegenliebe in sich. Die Psychologin Cendri Hutcherson ist nach einer Reihe von Studien zu folgendem Schluss gelangt: Das Gefühl der engen Verbundenheit mit anderen steigert unser seelisches Wohlbefinden und unsere körperliche Gesundheit, während es die Gefahr der Depression oder des Drogenmissbrauchs gleichzeitig verringert.² Das Gefühl der Bindung und Zugehörigkeit zu einer größeren Gemeinschaft verstärkt auch die Empathie und bestärkt Verhaltensweisen, die auf Vertrauen und Kooperation aufbauen.³ Diese Reihe von Faktoren erzeugt eine positive Spirale, weil sich durch das Teilen untereinander Vertrauen und Kooperationsbereitschaft aufbauen.

Kooperation bildet nicht nur die schöpferische Kraft der Evolution, die diese Zusammenarbeit für den Aufbau immer vielschichtigerer Organisationsebenen benötigt, sie steht auch im Mittelpunkt genialer Errungenschaften der Menschheit.

In ursprünglichen Gesellschaften müssen alle – von der Nahrungsversorgung nach der Geburt bis zur Verteidigung gegen Raubtiere – zusammenhelfen. Streitsüchtige sind hier überflüssig, und wer versucht, andere auszubeuten, ruiniert seinen Ruf und verschlechtert seine Überlebenschancen in der Gemeinschaft. Deshalb wurden wir, so betonte bereits Charles Darwin, im Lauf der Zeit über unser genetisches Erbe auf Kooperation eingestellt. Außerdem bewirkt das Erreichen eines kollektiven Ziels durch gemeinschaftliches Handeln ein Gefühl innerer Zufriedenheit bei den Beteiligten.

Studien belegen, dass gegenseitiges Vertrauen und Kooperation um unser selbst willen und für andere besser sind als Handeln im bloßen Eigeninteresse. In der westlichen Welt allerdings gleitet der Einzelne trotz allen auf der Hand liegenden Vorzügen einer intensiven sozialen Vernetzung mehr und mehr in die Isolation ab, während das gegenseitige Misstrauen gleichzeitig wächst.⁴ 1950 brachten laut einer Umfrage noch 60 Prozent der Nordamerikaner und Europäer einem Fremden gegenüber einen Vertrauensvorschuss auf. 1998 war dieser Prozentsatz schon auf 30 Prozent gefallen.⁵ Diese Tendenz lässt kaum erwarten, das die Selbstlosigkeit bei uns wächst. Individuelle Freiheit und Streben nach Autonomie stehen zwar an der Wiege zahlreicher Wohltaten, das Individuum kann sich jedoch ohne ein ausgewogenes Verantwortungs- und Solidaritätsbewusstsein anderen gegenüber nicht entfalten.

In Südasien hingegen ist die Großfamilie außerhalb der großen Metropolen, wo das Modell der Kleinfamilie vorherrscht, nach wie vor die Regel. Im ländlichen Milieu ist es selbstverständlich, dass mehrere Generationen unter einem Dach zusammenleben – wenn auch nicht immer ohne Spannungen. Im Himalaya ist die familiäre Arbeitsteilung auf dem Feld gang und gäbe, ebenso wie die zupackenden Hände von Dorfeinwohnern, die einem abgesprochenen Turnus folgend das Land bewirtschaften.

Eine der Hauptursachen geistiger Gesundheitsprobleme ist das Gefühl, von anderen abgeschnitten zu sein, obwohl sich viele Menschen in unserer unmittelbaren Nähe befinden.⁶ Deshalb, so stellt die Pychologin Kristin Neff fest, besitze die Erkenntnis der in uns angelegten Menschlichkeit, die wir mit anderen teilen, eine starke Heilkraft. Wie groß unsere Verzweiflung auch immer sein mag, unsere Menschlichkeit kann uns keiner nehmen.⁷

Wenn aber Wohlwollen und Kooperation nicht als gewinnbringend betrachtet werden, wie lässt sich dann beides fördern?

In *Alte Weisheit für die moderne Welt, Ethik für das neue Jahrtausend* zeigt uns Dalai Lama einen Weg auf:

»Die geistige Revolution, die ich fordere, ist nicht religiös geprägt. Sie hat auch nichts mit einer Lebensart zu tun, die gewissermaßen von einer anderen Welt wäre, und noch weniger mit jedweder Art von Magie oder Mysterium. Es handelt sich vielmehr – jenseits aller gewöhnlicher egoistischer Sorgen – um eine radikale Neuorientierung zugunsten einer uns allen gehörenden Gemeinschaft und um ein Verhalten, das Eigen- und Fremdinteressen gleichermaßen berücksichtigt.«[8]

1 Auszug aus einer Rede vor der UNO-Hauptversammlung, 24. September 2001.
2 Hutcherson, Cendri A./Seppala, Emma M./Gross, James J., »Loving-Kindness Meditation Increases Social Connectedness«, in *Emotion*, 2008, Band 8, Nr. 5, S. 720–724.
3 Cialdini, Robert B./Brown, Stephanie L./Lewis, Brian P./Luce, Carol/Neuberg, Steven L., »Reinterpreting the Empathy-Altruism Relationship: When One Into One Equals Oneness«, in *Journal of Personality and Social Psychology*, 1997, Band 73, S. 481–494; Glaeser, Edward L./Laibson, David I./Scheinkman, José A./Soutter, Christine L., »Measuring Trust«, in *The Quarterly Journal of Economics*, 2000, Band 115, Nr. 3, S. 811–846.
4 Putnam, Robert D., *Bowling Alone: The Collapse and Revival of American Community*, New York, Simon & Schuster, 2000; McPherson, Miller/Smith-Lovin, Lynn/Brashears, Matthew E., »Social Isolation in America: Changes in Core Discussion Networks Over Two Decades«, in *American Sociological Review*, 2006, Band 71, Nr. 3, S. 353–375.
5 Rahn, Wendy M./Transue, John E., »Social Trust and Value Change: The Decline of Social Capital in American Youth, 1976–1995«, in *Political Psychology*, 1998, Band 19, Nr. 3, S. 545–565.
6 Kohut, Heinz, *The Analysis of the Self*, New York, International University Press, 1971. Neff, Kristin D., *op. cit.*, S. 64. Siehe auch Baumeister, Roy F./Leary, Mark R., »The Need to Belong: Desire for Interpersonal Attachments as a Fundamental Human Motivation«, in *Psychological Bulletin*, 1995, Band 117, Nr. 3, S. 497–529.
7 Neff, Kristin D., *op. cit.*, S. 69.
8 Dalai Lama (Tenzin Gyatso), *Sagesse ancienne, monde moderne – Éthique pour le nouveau millénaire* (dt. *Alte Weisheit für die moderne Welt, Ethik für das neue Jahrtausend*), Paris, Fayard, 1999.

Szenen beim großen Mani-Genkok-Fest, das in der osttibetischen Provinz Kham stattfindet: Im Sturmgalopp gibt ein Reiternomade einen Böllerschuss ab. Tausende von Nomaden, die das Fest besuchen, kampieren in einer weiten Steppenlandschaft. Juli 2004.

Im osttibetischen Kham, auf 4000 Metern Höhe, findet zum ersten Mal nach zehn Jahren wieder das große Mani-Genkok-Fest statt. Galopprennen und Reiterspiele wechseln sich den ganzen Tag hindurch ab. Juli 2004.

Reiterspiele zu Ehren des inkarnierten Lama Dzongsar Jamyang Khyentse Rinpoche. Er ist gekommen, um seinem Kloster Dzongsar in Tibet einen Besuch abzustatten. August 2004.

Nach einem Rennen wird das siegreiche Pferd auf dem Weg nach Hause von seinen Besitzern »in den Schlepptau« genommen. Juli 2013.

Heiliger Berg von Jara Latze (Myniak Rabgang) in der Provinz Myniak, Osttibet, September 2005.

Wilder Rhabarber auf 4600 Meter Höhe, Osttibet, Juli 2013.

Lama Jamga, ein Schüler von Dilgo Khyentse Rinpoche. Er blieb in Tibet und verbrachte während der Kulturrevolution viele Jahre in einem Laogai-Lager (Zwangsarbeitslager). Nach seiner Freilassung kümmerte er sich in den 1980er-Jahren um den Wiederaufbau seines Klosters. Das Porträt stammt aus dem Jahr 2005 und entstand kurz vor seinem Tod.

Kugno Degua-la, gebürtiger Tibeter aus der Stadt Gyantse, der ebenfalls viele Jahre lang in einem Zwangsarbeitslager inhaftiert war. Nach seiner Freilassung in den 1970er-Jahren entkam er nach Indien. 2000.

Ein alter Mönch, ein langjähriger Meister für Gesang im Kloster Shechen (Osttibet), zieht eine Grimasse für den Fotografen, seinen langjährigen Freund. 2010.
LINKS: Junge Mönche im Kloster Shechen lassen Seifenblasen tanzen. Juli 2007.

Dilgo Khyentse Yangsi Rinpoche (Ugyen Tendzin Jigme Lhundrup), anerkannt als Inkarnation des Dilgo Khyentse Rinpoche, der einer der größten spirituellen Lehrmeister des 20. Jahrhunderts war. Tibetisches Kloster Shechen, Bodnath, Nepal, April 2014.

Im Jahr 1980 verweilte Dilgo Khyentse Rinpoche mehrere Wochen im heiligen Ort Paro Taktshang (Bhutan), brachte während des Fests der Tausend brennenden Kerzen Opfergaben dar, vermittelte seine Lehren und leitete Reifefeiern. Auf diesem Foto schweift sein Blick von einem Balkon über eine Landschaft – zu seinen Füßen liegt ein steiler Abgrund. Im Rahmen eines Zeremoniells sollte die geistige Kraft des heiligen Ortes wiederbelebt werden.

Lama Wangchen, tibetischer Einsiedler und Kalligraph, Schüler von Kangyur Rinpoche. Darjeeling, Indien, 1967.

Lama Buye, Retreat-Lehrmeister im Kloster Shechen, Osttibet, 2002.

Einsiedler in einem Zentrum für kontemplativen Rückzug oberhalb des Klosters Tsatsa. Provinz Kham, Osttibet, 1985.

Pebo Lama, ein von tibetischer Kultur geprägter nepalesischer Einsiedler, der 30 Jahre lang in Kontemplation lebte. Darjeeling, 1975.

Tibetische Yogis im Bezirk Rebgong im Nordosten Tibets (Amdo) während einer Jahresversammlung. Diese Yogis wickeln ihr geflochtenes, bis zu eineinhalb Meter langes Haar zu einem mächtigen Dutt. Anders als Mönche widmen diese Anhänger des buddhistischen Glaubens ihr Leben der spirituellen Praxis. 2002 (rechts) und 2012 (links).

Buddhistischer Einsiedler aus Bhutan im Retreat-Zentrum des Klosters Shechen, Nepal, nach drei Jahren, in denen er sich zur Kontemplation zurückgezogen hatte. Januar 2005.

Schüler von Dilgo Khyentse Rinpoche. Dieser osttibetische Einsiedler schnitt sich während seines zwölfjährigen kontemplativen Rückzugs von der Welt die Haare nicht mehr, um keine kostbare Zeit zu verschwenden. Region Denkhok, 2004.

Tibetischer Yogi in Pema in der Provinz Golog, Osttibet, 2003.

Yogi aus Rebgong in der Provinz Amdo im Nordosten Tibets, 2004.

Auf der ganzen über 1000 Kilometer langen Strecke, die sie von ihrem Heimatkloster in Lhasa, der heiligen Stadt Tibets, aus zurücklegen, werden sich diese drei Mönche nach jedem dritten Schritt auf den Boden werfen. Etwa ein Jahr wird es dauern, bis sie ihr Ziel erreichen. In einem kleinen Karren nehmen sie etwas Proviant und Gepäck mit, das einer von ihnen alle 100 Meter wieder abholt. Nachts schlafen sie meist im Freien und ernähren sich hauptsächlich von *tsampa*, einem Mehl aus gerösteter Gerste, die in Buttertee aufgelöst wird. Im Lauf ihrer einmonatigen Pilgerreise durch Kham traf ich sie dreimal. Zweimal boten wir ihnen eine Kleinigkeit für unterwegs an, beim dritten Mal lehnten sie mit der Begründung ab, sie seien für die gesamte Strecke ausreichend versorgt. 2004.

Diese drei aus Osttibet aufgebrochenen Pilger begeben sich nach Lhasa, der heiligen Stadt Tibets, die 1000 Kilometer weit entfernt liegt. Juli 2007.

Eine Nomadin im osttibetischen Kham vor ihrem Herd. In der Mitte der Jakhaar-Jurte ist ein Rauchabzug eingelassen, sodass der Qualm des Tag und Nacht schwelenden Trockendungs entweichen kann. 1985.

RECHTS:
Eine Nomadenfamilie auf der Sommerweide im Osten Tibets. Die Jakkühe haben zu Beginn des Sommers gekalbt. Nur jetzt können sie ausreichend grasen, um ihren Nachwuchs zu ernähren. 1988.

Der Gipfel des Machhapuchchhre (dt. »Fischschwanz«), einem Teil des Annapurna-Gebirgsmassivs, ragt 6997 Meter hoch auf. Nepal, März 2015.

RECHTS:
In Osttibet fällt oft schon im September der erste Schnee. 2014.

FOLGENDE DOPPELSEITE:
LINKS: Ein Junge und ein Mädchen in Gemang (Osttibet) an einer der Schulen, die mit Unterstützung des humanitären Vereins Karuna-Shechen betrieben werden. Bevor diese Schule gebaut wurde, hatten die Nomadenkinder dieses Regierungsbezirks keinen Zugang zu schulischer Bildung. 2003.
RECHTS: Junge Novizen, Darjeeling, Indien, 1975.

Kleines, mit einem edlen Mantel bekleidetes Mädchen aus dem osttibetischen Tsatsa-Tal, 1995.

RECHTS:
Ein tibetischer Arzt und Mönch nimmt den Puls eines kleinen Nomadenmädchens aus der osttibetischen Tsatsa-Region. Die Klinik gehört zu den humanitären Projekten, die dank Karuna-Shechen realisiert wurden. Juli 2005.

Tibetisches Nomadenmädchen, Kham, Osttibet, 1985.

Ein Kind in der Menschenmenge während eines Sommerfests,
Osttibet, August 2004.

Nomadenmönch in der Region Dzachuka, Kham, Osttibet, Juli 2005.

Nomade in der Region Dzongsar, Osttibet, 2004.

Tibetischer Junge mit seiner Mutter, Osttibet, 2007.

LINKS:
Kind in der Schule von Shechen, die vom humanitären Verein Karuna-Shechen errichtet wurde. Osttibet, 2007.

Ein junger Tibeter blickt durch ein Fenster auf Besucher, die von weither gekommen sind. Osttibet, 2011.

RECHTS:
Junge Mönche im tibetischen Kloster Shechen, Nepal, 2004.

Junge Mädchen in Osttibet (Kham), deren Wangen vom harten Winter gezeichnet sind. 2013.

Schüler an der Schule von Shechen, die von dem Verein Karuna-Shechen gestiftet wurde. Juni 2010.

RECHTS:
Junge in der Schule von Gemang, ebenfalls mit Mitteln von Karuna-Shechen errichtet. Provinz Dzachuka, Osttibet 2014.

Tibetischer Mönch vor einer Reihe von Stupas, Tempel von Sakar, Osttibet, Juli 2013.

Tibetische Mönche des Klosters Shechen (Nepal) während einer Europatournee der Heiligen Tänze: Auf einem Gipfel hoch über dem Genfer See brechen sie beim vertrauten Anblick von Schnee in spontanen Jubel aus. 1997.

Hügelkette im Himalaya, Nepal, 2001.

Dilgo Khyentse Rinpoche sitzt auf den Treppenstufen des großen Stupa von Bodnath, umgeben von einigen inkarnierten Lamas, die 1978 in Nepal zusammengekommen waren, um den umfangreichen Kanon an Lehren und Einweihungen zu empfangen. Die zeremoniellen Hüte, die einige von ihnen tragen, sind von unterschiedlichen Traditionen geprägt. Khyentse Rinpoche selbst trägt einen »Lotoshut«, ähnlich der Spitzmütze des spirituellen Lehrmeisters Padmasambhava, der im 8. Jahrhundert den Buddhismus in Tibet einführte. 24. März 1978.

Das tibetische Kloster Shechen in Nepal ist jedes Jahr Schauplatz zweier großer Tanzzyklen, die eng mit bedeutsamen Ritualen verbunden sind. Die erste Tanzreihe findet im Februar gegen Ende des tibetischen Kalenders statt und soll das kommende Jahr von Hindernissen befreien. Die Tänze schließen ein Ritual ab, das eine Woche lang dauert und mit einem Feueropfer seinen Höhepunkt findet – dabei wird der *Torma*, eine rituelle Figur aus Butter und Mehl, den Flammen übergeben. 1999.

Ein Mönch in festlichem Gewand mit »Schwarzem Hut« im tibetischen Kloster Shechen während eines rituellen Tanzes. Nepal. 2006 (links) und 2015 (rechts).

In Gewändern mit »Schwarzem Hut« warten 21 Lamas auf ihren Auftritt. Gleich treten sie hinaus in den Klosterhof, um einen rituellen Tanz aufzuführen.
Tibetisches Kloster Shechen, Nepal, 1987.

Im Zusammenhang mit den Feierlichkeiten, die an sieben aufeinanderfolgenden Tagen und Nächten begangen werden, bringen die Lamas Kerzenleuchter als Opfergabe dar. Jeder Teilnehmer hält ein brennendes Licht, während die Sitzenden im Rahmen eines Rituals durch verknüpfte weiße Schals miteinander verbunden sind. In einem kollektiven, melodiösen Gesang beten sie dafür, dass sie ihr künftiges Leben in gemeinsamer spiritueller Praxis verbringen dürfen, bis sie Erweckung erlangen. 2004.

Zum Empfang eines großen spirituellen Lehrmeisters verbrennen die Mönche Wacholderzweige, um den hohen Würdenträger Kyabje Trulshik Rinpoche in wohlriechende Dämpfe zu hüllen. Bir, Indien, 2004.

Ein seltenes Bild zeigt den 14. Dalai Lama, während er von Kyabje Trulshik Rinpoche, einem seiner spirituellen Lehrmeister, eine Einweihung erhält. Dharamsala, Indien, 1999.

Zwei Mönche blasen bei einer Zeremonie im Kuje-Tempel in lange Trompeten.
Provinz Bumthang, Bhutan, Juni 2006.

LINKS:
Jede dieser großen Gebetsmühlen im Kloster Lagong enthält rund 100 Millionen Mantren und Gebete auf fein bedruckten, großen Papierbögen, die inwendig auf einer sich drehenden Achse aufgerollt werden. Vorbeiwandelnde Gläubige setzen die Mühlen in Gang, während sie für das Wohl allen Lebens auf Erden beten. Region Minyak, Kham, Osttibet, Juli 2005.

Große Gebetsmühle in einem Kloster der Region Nyaron in Osttibet, 2004.

LINKS:
In Yuksam werden große Gebetsmühlen von Gläubigen in Bewegung gesetzt. Während dieses Akts beten sie für das Wohl allen Lebens auf Erden. Indien, Bundesstaat Sikkim, Juli 2005.

Mönchsumzug im Kloster Punakha, Bhutan, 1987.

In Derge, Osttibet, befindet sich die größte handwerkliche Druckerei der Menschheitsgeschichte. Auf nicht weniger als 270 000 Holzblöcken sind buddhistische Lehren und Texte xylographisch in tibetischer Schrift festgehalten, die von der Geschichte Tibets, traditioneller Medizin, Astrologie und vielem mehr handeln. Die Druckerei wurde im Jahr 1729 von Tenpa Tsering, dem 12. König von Derge, gegründet. Wie durch ein Wunder entging sie der kulturrevolutionären Zerstörungswelle, der in Tibet über 6000 Tempel und Klöster zum Opfer fielen. Seit etwa 20 Jahren ist die Druckerei mit rund 100 Mitarbeitern wieder in Betrieb. 2014.

Zwei Drucker fertigen gemeinsam Bilder an, die Gottheiten des tibetischen Buddhismus darstellen. Der eine trägt die Farbe auf die Druckplatte auf und bedeckt sie mit einem Bogen Papier; der andere rollt eine Walze zweimal über den Holzblock, um das Papier fest aufzudrücken, bevor er es wieder abzieht. Die Blöcke werden regelmäßig gesäubert, damit sich in den Ritzen keine Farbrückstände ansammeln. Druckerei von Derge, 2014.

Bei einer Versammlung von buddhistischen Mönchen und Nonnen vollzieht der Abt Dilgo Khyentse Yangsi Rinpoche in leitender Funktion ein Ritual vor dem Tempel Phurba Lakhang in Paro (Bhutan), bevor er eine Zeremonie beginnt, die sieben aufeinanderfolgende Tage und Nächte in Anspruch nimmt. April 2014.

Das tibetische Kloster Shechen in Bodnath, Nepal. Am Ende einer langen Drupchen-Zeremonie, die sich über neun Tage und Nächte erstreckt, wird das sorgfältig in den Sand gezeichnete, farbenprächtige Mandala zerstört, um die Vergänglichkeit aller Dinge zu symbolisieren. In einer Urnenprozession wird der Sand zum Fluss getragen und im Wasser verstreut. Nach der Rückkehr in den Klosterhof bilden die Mönche im Gänsemarsch einen *Gakhyil* (dt. Freudenkreis), der einem chinesischen Yin-Yang-Symbol gleicht. Im Inneren des Tempels findet die Zeremonie ihren Abschluss. April 2014.

Im Herzen jeder Provinz von Bhutan, hier im Tal von Paro, ragt ein Dzong auf, der in der Regel zur Hälfte ein Kloster beherbergt. In der anderen Hälfte befindet sich der Sitz der örtlichen Verwaltung. Diese imposanten, aus Naturstein, Lehm und Holz errichteten Gebäude dienten einst auch als Festungen, die vor Invasoren schützen sollten. 2007.

RECHTS:
Beim alljährlichen Fest der Heiligen Tänze in Trongsar: Die Tänzer mit »Schwarzem Hut« (*Shanak*) wirbeln eine Dreiviertelstunde lang im eigenhändig geschlagenen Trommeltakt herum. Bhutan, 2007.

Zwei bhutanische Kleinkinder, 1985.

RECHTS:
Die Clowns (*atsaras*) mischen sich gern unter die Menschenmenge und necken sich gegenseitig mit allen möglichen Possen und Scherzen beim alljährlichen Fest der Heiligen Tänze im Kloster Trongsar (Bhutan). 2007.

Beim Fest der Heiligen Tänze von Trongsar in Bhutan: Die Clowns parodieren Mönche. Einer von ihnen mimt einen etwas vertrottelten alten Lama, während ihn eine Gruppe von Schülern bei seiner komischen Einlage unterstützt. Gleich werden sie Szenen einer verrückten Zeremonie nachspielen, um das Publikum zum Lachen zu bringen. Dezember 2007.

Beim Fest der Heiligen Tänze lacht das bhutanische Publikum herzhaft über die Scherze der Clowns. Trongsar, 2007.

In Osttibet, oberhalb der Stufen der Wasserfälle, an denen früher die Grenze zwischen Tibet und China verlief, beginnt das Zitsa-Degu-Tal (*gzi rtsa sde dgu*) – Chinesen und ausländischen Besuchern ist es eher unter dem Namen Jiuzhaigou geläufig. Entlang des Tals eröffnet sich auf 20 Kilometern ein atemberaubendes Panorama aus bunt schillernden Seen und spektakulären Wasserfällen. Heute gehört die Talebene zur Provinz Sichuan. 2003.

Eine Pyramide aus Gebetsfahnen, Osttibet, 2007.

Ein Gebetsfahnenwald in der Region Minyak in Osttibet. Der Wind, der die mit Gebeten und heiligen Bildern bedruckten Fahnen berührt, überträgt die positive Wirkkraft jener Gebete auf die Menschen, die er umweht. 2007 (rechts) und 2013 (links).

In der osttibetischen Region Minyak erhebt sich ein riesiges Gebäude aus flachen Steinplatten, auf denen Mantren und Gebete eingemeißelt sind. Die Gläubigen bestellen diese Steine bei Handwerkern, die in der Gegend rund um den heiligen Ort leben. Sobald die Steinplatte fertig ist, transportieren sie diese im Huckepack bis zur Kultstätte, wo sie das aus Tausenden von Steinplatten aufgeschichtete Denkmal um eine weitere Platte ergänzen. 2013.

Der Makalu (8485 Meter), auf einem Flug von Kathmandu nach Lhasa vom Flugzeug aus gesehen. Der Gipfel liegt nicht weit vom Mount Everest entfernt, der sich in Luftlinie nur etwa 20 Kilometer weiter östlich befindet. 2008.

RECHTS:
Der Gipfel des Kawa Lunring (etwa 5000 Meter hoch), von der Bergstraße aus gesehen, die Peyul mit Gangdze verbindet. Osttibet, Juni 2010.

Die Tempelanlage Borobudur in Java, Indonesien, ist das größte buddhistische Kulturdenkmal der Welt. Sie wurde im 8. oder 9. Jahrhundert während der Herrschaft der Sailendra-Dynastie erbaut. Im 12. Jahrhundert aufgegeben, wurde Borobudur 1815 durch Thomas Stamford Raffles, Gouverneur von Java, mitten im Dschungel wiederentdeckt. In der Tradition des Mahayana-Buddhismus symbolisiert das Bauwerk aus zehn Stufen die zehn »Ebenen des irdischen Seins«, die schrittweise zum vollendeten erleuchteten Zustand führen. Die Tempelanlage birgt 500 lebensgroße Buddha-Statuen und 72 kleinere Stupas. Borobudur gehört seit 1991 zum UNESCO-Welterbe. Juni 2008.

Blick von oben auf die Anden zwischen Santiago de Chile und Mendoza, Argentinien, April 2014.

Der Koko-Nor-See (auf tibetisch: Tso Ngönpo, »der blaue See«) ist einer der größten Salzseen der Welt mit einer Gesamtuferlänge von 360 Kilometern. Auf 3195 Metern über dem Meeresspiegel liegend ist er auch einer der höchstgelegenen Seen im Nordosten Tibets. Provinz Amdo (Qinghai), 2004.

RECHTS:
Der Fluss Tsangpo nahe dem Kloster Samye in Zentraltibet. Nachdem er schwindelerregende Schluchten hinter sich gelassen hat, umfließt er den Berg Namjagbarwa und wird dann zum Brahmaputra. 1985.

Der Harmandir Sahib, auch Goldener Tempel genannt, ist der heiligste Ort für die Gläubigen der Sikh-Religion. Amritsar, Punjab, Indien 2014.

Indische Mutter mit ihrem Kind. Bundesstaat Bihar, Indien, 2007.

Zwei indische Frauen warten in Bihar auf die Sprechstunde bei einem Arzt der mobilen Klinik von Karuna-Shechen. Oktober 2007.

Himalaya-Elstern, 2006.

Sicheltannenwald zwischen Ghum und dem Fluss Teesta, Darjeeling, Bundesstaat Westbengalen, Indien, 23. März 2014.

Urwaldkulisse bei einer Pilgerwanderung in Chumbu (Chumophuk oder Chimpu), einem heiligen Ort, der durch ein Seitental des Paro-Flusses nach einem vierstündigen Fußmarsch entlang des Doteng erreicht wird. Bhutan, April 2014.

Drei Stupas, die auf Empfehlung des Dilgo Khyentse Rinpoche in den 1980er-Jahren am Zusammenfluss des Thimphu und des Paro erbaut wurden, um den Frieden im Königreich Bhutan zu sichern. Bhutan, April 2014.

RECHTS:
In der Nähe des Pele-La-Passes (3420 Meter) zieren diese majestätischen, jahrhundertealten Kiefern die Höhen der »schwarzen Berge«, die West- und Zentralbhutan trennen. 2011.

LANDSCHAFTEN ZUM MEDITIEREN

*»Mit einmaliger Sensibilität habe ich den Anblick schöner Landschaften erforscht; nur aus diesem Grund ging ich auf Reisen.
Die Landschaften waren wie ein Geigenbogen, der meine Seele zum Schwingen brachte.«*
Stendhal[1]

Ich erinnere mich an einen strahlenden Herbsttag, an dem ich allein am Ufer des Sees Manasarovar saß, den man auch den Türkisfarbenen See bzw. den See der Ewigen Frische nennt. Er liegt auf 4586 Meter in einer Hochebene und wird zum Norden hin durch den heiligen Berg Kailash (6638 Meter) und im Süden durch den Gurla Mandhata (7694 Meter) eingerahmt. Der Himmel leuchtete in einem Blau, das so intensiv war, dass es mich zu blenden drohte. Plötzlich vernahm ich lautes Entengekreische. Zunächst konnte ich die Vögel nicht sehen. Schließlich entdeckte ich 200 Meter vom Ufer entfernt ein Entenpärchen mit scharlachrotem Gefieder, das friedlich durch die Lüfte schwebte. Die Stille war so vollkommen, dass die Schreie der Tiere über die Seeoberfläche hinweg aus jeder Entfernung gut zu hören waren.

Beim Anblick dieser erhabenen Landschaft verharrte ich eine Weile in Meditation. Mir wurde bewusst, dass ich innerlich wie äußerlich meditierte, und dass die Unendlichkeit des Himmels und der Seeoberfläche sich untrennbar mit dem stillen Innenraum des reinen Bewusstseins vermischte. Da erinnerte ich mich an die Lehre des großartigen Yogi Shabkar, die er ebenfalls an den Ufern dieses Sees zu Beginn des 19. Jahrhunderts niedergeschrieben hatte:

»Während ich mich am Seeufer ausruhte, erfuhr ich gedankenlose Freiheit absolut ohne jedwede Konzentration auf Gegenständliches, einen Zustand der Klarheit, der Weite und der Offenheit.«[2]

Dieses Erlebnis inspirierte ihn zu folgendem Gebetslied:

*Die Quelle der Erscheinungen des Samsara und Nirvana
ist das wahre Wesen des Geistes:
Unendlichkeit, pure Herrlichkeit,
frei von jeder Bindung an die Wirklichkeit,
das habe ich erkannt.*

*Wenn ich in dieser Weite aufgehe,
in dieser Klarheit und Leere
ohne Ende, ohne Grenzen,
werden Geist und Himmel eins.*

In dieser Dimension des Lichts
ist jede Anstrengung sinnlos.
Alles geschieht wie von selbst,
auf natürliche Weise, unbeschwert.
Absolute Freude!

Die Stimme des Mitgefühls den Mitmenschen gegenüber,
meinen Müttern von einst, erklang in meinem Innersten;
das sind keine leeren Worte:
Künftig werden ich mich dem Wohle anderer widmen!

Auf diese Weise können die Eindrücke, die eine erhabene Landschaft vermittelt, zum meditativen Erlebnis werden und den Geist zum klaren, unbeschwerten Innenraum des Bewusstseins hin öffnen. Darum wird im Buddhismus den meditierenden Novizen empfohlen, einen natürlichen Ort zu suchen und zu finden, der die Kontemplation ermöglicht und dessen Harmonie den Frieden und die innere Freiheit, die Besänftigung verwirrender Emotionen und die Klarheit des Geistes fördert.

Wenn ich Landschaften fotografiere, dann sind meine Bilder inspiriert von dem Wunsch, das Gefühl der makellosen Schönheit und der Harmonie, die diese unberührten Orte ausstrahlen, mit anderen teilen zu können. Mir geht es jedenfalls häufig so, dass mich Bilder erhabener Landschaften, die von mir bewunderte Fotografen einfingen, so in ihren Bann ziehen, dass ich lange Zeit davor in Kontemplation verharre. Ein herausragendes Beispiel dafür ist das Werk *Die Schöpfung* aus dem Bildrepertoire des großartigen Fotografen und Mitglieds der berühmten Agentur Magnum, Ernst Haas.

DAS WICHTIGSTE FÜR UNSER WOHLBEFINDEN IST EINE NATÜRLICHE UMGEBUNG

Mit seinem Werk *Die Glücksökologie: Warum wir die Natur brauchen, um glücklich zu sein* legte Eric Lambin eine umfassende Synthese wissenschaftlicher Studien vor, derzufolge wir trotz der modernen Lebensumstände mit der Natur verbunden bleiben. Eine gesunde natürliche Umgebung trägt in bemerkenswerter Weise zum subjektiven Wohlbefinden bei.[3]

Der slowenische Physiker Prof. Aleksander Zidansek hat insbesondere auf den positiven Zusammenhang zwischen der Lebenszufriedenheit der Einwohner eines bestimmten Landes und dem Umweltleistungsindex hingewiesen.[4] Edward O. Wilson, der »Vater der Soziobiologie«, geht weiter und spricht gar von »Biophilie« und stellt fest, dass der Mensch eine angeborene emotionale Affinität zu anderen Lebewesen, zum Reich der Pflanzen und zu ursprünglichen Landschaften besitzt. Diese uralte Beziehung zur Natur, die tief in unserer biologischen Verfassung verwurzelt ist, wurde im Rahmen eines überaus interessanten wissenschaftlichen Experiments untersucht. Mehrere Personen, denen man unter anderem Bilder von weiten, grünenden Savannenlandschaften, die von Wäldern und Wasserflächen durchzogen sind, zeigte, sprachen vor allem auf diese besonders an.[5]

Das Erstaunliche daran: Das geschah unabhängig von der geografischen Herkunft der Befragten, und löste selbst bei Inuit, die noch nie solche Landschaften gesehen hatten, die gleichen Reaktionen aus! Mag sein, dass für unsere Vorfahren, die aus der südlichen Sahara stammten, leicht erhöht gelegene Orte mit freiem Blick und Schutz bietenden Bäumen ideale Aussichtspunkte waren, um bedrohliche Raubtiere frühzeitig zu erkennen oder auch Wild auszumachen, das man jagen konnte. Die Farbe Grün suggeriert Fülle und Wasserstellen als überlebenswichtige Umweltbedingungen. Die stille Betrachtung solcher Landschaften beschwört in den meisten von uns Gefühle des Friedens, der Sicherheit und der Dankbarkeit herauf.

»Diese Annahme, dass der Mensch von der Natur abhängt, geht über die Notwendigkeit der rein materiellen Befriedigung hinaus. Zum Leben gehören eben auch das Bestreben, ästhetische, emotionale, kognitive und spirituelle Bedürfnisse in der Natur zu stillen, und allgemein eine Suche nach dem Lebenssinn«[6], so betont Eric Lambin.

In seinem Buch *Last Child in the Woods* (sinngemäß: das letzte Kind, das noch im Wald spielt) betont der amerikanische Journalist und Schriftsteller Richard Louv, dass wir heute eine Generation von Kindern heranziehen, die unter einem »Natur-Defizit-Syndrom« leiden, weil sie kaum noch mit einer ursprünglichen Umgebung in Berührung kommen, geschweige denn in der Lage sind, eine Beziehung zu ihr aufzubauen. Verschiedene wissenschaftliche Studien lassen darauf schließen, dass sich ein intensiver und direkter Kontakt mit der Natur ganz entscheidend auf die kognitive und emotionale Entwicklung des Kindes auswirkt.[7]

EIN NACHHALTIGES GLEICHGEWICHT BEWAHREN

Während der letzten 12 000 Jahre durchlebten wir das sogenannte Holozän, eine geologische Epoche, die sich durch eine außergewöhnliche klimatische Stabilität auszeichnet und in der sich die menschliche Zivilisation, wie wir sie heute kennen, entwickeln konnte. Dabei benötigten die meisten Völker vor ungefähr 10 000 Jahren nur etwa ein Jahrtausend, um als Jäger und Sammler sesshaft zu werden.[8]

Diese klimatische Stabilität könnte sich noch über mehrere Zehntausende von Jahren fortsetzen, wäre sie nicht durch den Mensch bedroht, der die heftigsten Klimaveränderungen auslöste, die wir von unserem Planeten bislang kennen.[9]

Neue Energiequellen und innovative Techniken ermöglichten es dem Menschen, weite, bisher unberührte Regionen zu erschließen und zu bewirtschaften. Diese ökonomischen Maßnahmen zogen eine noch nie dagewesene Rodung von Wäldern nach sich. 2011 waren die natürlichen Baumbestände unserer Erde bereits zur Hälfte abgeholzt, der Großteil davon in den letzten 50 Jahren. Seit 1990 wurde die Hälfte der Tropenwälder zerstört und in den nächsten 40 Jahren werden sie möglicherweise ganz verschwinden.[10]

Seit 1950 befinden wir uns in einem Zeitalter, das man als Anthropozän bezeichnen könnte, die »menschliche Ära«, die erste, in der die Aktivitäten des *Homo sapiens* die Biosphäre des Planeten entscheidend veränderten – und zwar in gleichem Maße wie die Wirkkraft der stärksten Naturgewalten. Mittlerweile, so erklärt Johan Rockström, der Direktor des Resilienz-Zentrums der Universität Stockholm, sei der vom Menschen ausgeübte Druck auf das globale Ökosystem Erde derart stark geworden, dass abrupte weltweite Umweltveränderungen nicht mehr ausgeschlossen werden könnten.[11]

Die goldene Mitte zwischen Wachstum und Rückschritt besteht in einem *nachhaltigen Gleichgewicht*, das jedem einen angemessenen Lebensstandard sichert, die Ungleichheiten verringert und ein *qualitatives Wachstum* erlaubt – nach der Maxime »Weniger ist mehr« –, und darin, dass wir damit aufhören, den Planeten in rasantem Tempo auszubeuten.

Augenblicklich nähern wir uns den Belastungsgrenzen der Erde, und wir müssen erkennen, dass unser künftiges Wohl von unserer Fähigkeit abhängt, die kritischen Schwellenwerte nicht zu überschreiten. Unsere Aufgabe ist es, mit Blick auf die kommenden Generationen Nächstenliebe zu üben, und uns darüber hinaus auch für das Schicksal der 1,3 Millionen Spezies zu interessieren, mit denen wir unser Leben auf diesem Planeten teilen.

1 Stendhal, *Vie de Henry Brulard*, 1835.
2 Ricard, Matthieu/Busquet, Carisse, *Shabkar, Autobiographie d'un yogi tibétain*, Plazac, Padmakara, 1999.
3 Lambin, Eric, *Une écologie du bonheur*, Paris, Éditions Le Pommier, 2009. Eric Lambin teilt seine Zeit zwischen dem Zentrum für Erd- und Klimaforschung an der katholischen Universität Georges Lemaître in Löwen und der School of Earth Sciences an der kalifornischen Universität Stanford.
4 Zidansek, Aleksander, »Sustainable Development and Happiness in Nations«, in *Energy*, 2007, Band 32, Nr. 6, S. 891–897. Zitiert von Lambin (Anm. 3), S. 38.
5 Kellert, Stephen R./Wilson, Edward O., *The Biophilia Hypothesis*, Washington D.C., Island Press, 1995.
6 Lambin (Anm. 3), S. 198.
7 Kellert, Stephen R., »The Biological Basis for Human Values of Nature«, in Kellert/Wilson (Anm. 5)
8 Rockström, Johan/Klum, Mattias, *The Human Quest: Prospering Within Planetary Boundaries*, Stockholm, Bokförlaget Langenskiöld, 2012, S. 112.
9 Steffen, Will/Persson, Asa/Deutsch, Lisa/Zalasiewicz, Jan/Williams, Mark/Richardson, Katherine/Gordon, Line, u.a., »The Anthropocene: From Global Change to Planetary Stewardship«, in *Ambio*, 2011, Band 40, Nr. 7, S. 739–761.
10 Ellis, Erle C./Klein Goldewijk, Kees/Siebert, Stephan/Lightman, Deborah/Ramankutty, Navin, »Anthropogenic Transformation of the Biomes, 1700 bis 2000«, in *Global Ecology and Biogeography*, 2010, Band 19, Nr. 5, S. 589–606; Taylor, Leslie, *The Healing Power of Rainforest Herbs: A Guide to Understanding and Using Herbal Medicinals*, Garden City Park (NY), Square One Publishers, 2004. Bis zu 90 Prozent der tropischen Küstenwälder Westafrikas sind seit 1900 verschwunden. In Südasien sind rund 88 Prozent der Tropenwälder verloren gegangen. Ein Großteil der noch erhaltenen Tropenwälder der Welt befindet sich im Amazonasbecken, wo der Regenwald eine Gesamtoberfläche von ungefähr vier Millionen Quadratkilometern einnimmt. In Mittelamerika wurden seit 1950 zwei Drittel der Tropenwälder in tieferen Lagen zu Weideflächen umgewandelt. Im Laufe der letzten 40 Jahre verschwanden 40 Prozent des gesamten Waldbestands. Madagaskar büßte Tropenwälder im östlichen Teil des Inselstaats im Umfang von 90 Prozent ein. Vollständige wissenschaftliche Referenzen liefert der Artikel »Deforestation« (Abholzung) auf der englischsprachigen Wikipedia-Website.
11 Wijkman, Anders/Rockström, Johan (vgl. Anm. 8); Lenton, Timothy M./Held, Hermann/Kriegler, Elmar/Hall, Jim W./Lucht, Wolfgang/Rahmstorf, Stefan/Schellnhuber, Hans Joachim, »Tipping Elements in the Earth's Climate System«, in *Proceedings of the National Academy of Sciences*, 2008, Band 105, Nr. 6, S. 1786–1793.

Kloster Thangboche, Khumbu, Himalaya, Nepal, bei Sonnenuntergang, November 2005.

Das Flussbett des Dri Chu (der in China zum Jangtse wird) in Denkhok, Provinz Kham (Osttibet), wo zahlreiche spirituelle Lehrmeister des tibetischen Buddhismus lebten. Juli 2013.

Der Langtang-Gebirgszug über einem Wolkenmeer. Blick vom Namo Buddha aus, Nepal, Juli 2006.

Sonnenuntergang in Nepal, 2011.

Ein tibetisches Kloster auf dem Gipfel des Namo Buddha ragt aus den frühmorgendlichen Nebelschwaden. Nepal, September 2006.

Wolken und Licht während eines Flugs über Thailand, 2014.

Die etwa 90 Meter breite und 50 Meter tiefe Grand Prismatic Spring (Große Prismaquelle) im Yellowstone-Nationalpark, Wyoming, USA, September 2009.

Flug über das Delta des Irrawaddy, Myanmar, November 2008 (links) und Januar 2010 (rechts).

Lichteffekte am Spätnachmittag nahe dem Namo Buddha, Nepal, Dezember 2008.

Wasserfälle im Naturpark Þingvellir, Island, April 2014.

RECHTS:
Der Seljalandsfoss im Süden Islands hat eine Fallhöhe von 66 Metern. Das Besondere an diesem Wasserfall ist, dass er von hinten begehbar ist. Island, April 2014.

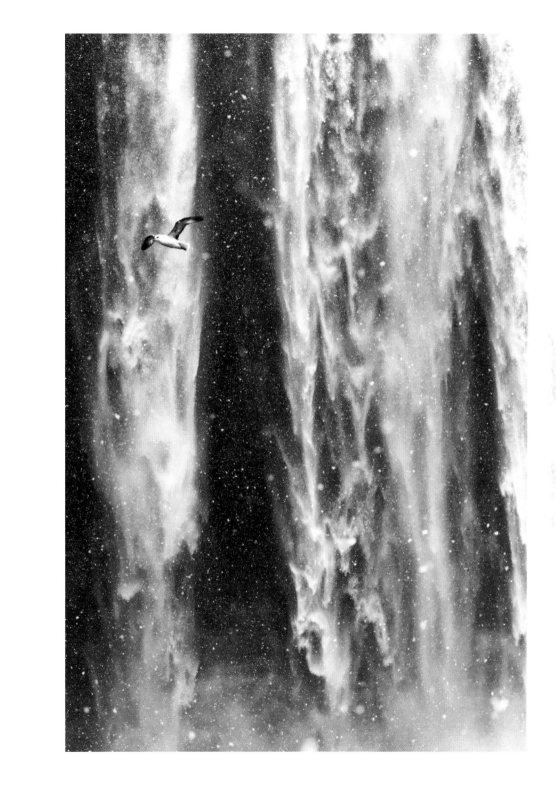

Einer der schönsten Wasserfälle Islands: Gullfoss, der »goldene Wasserfall«.
April 2014.

RECHTS:
Unter wirbelnden Schneeflocken flattert ein Sturmvogel vor dem 60 Meter hohen Wasserfall Skógafoss. Im Frühjahr nisten auf den Klippen in der näheren Umgebung Kolonien von Eissturmvögeln (*Fulmarus glacialis*). Island, April 2014.

Flachland mit schwarzem Vulkansand, Island, April 2014.

Steilküsten und schwarze Sandstrände bei Dyrhólaey, Island, April 2014.

DAS FOTOGRAFIEREN IN SCHWARZ-WEISS

Für einen Fotografen, den Farben und Lichtspiele faszinieren, steckt die Neuinterpretation von Farbbildern, die über fast ein halbes Jahrhundert hinweg entstanden sind, voller Überraschungen.

Digitale Schwarz-Weiß-Abzüge erlaubten mir, bestimmte Bilder, die mir in Farbe ans Herz gewachsen waren, in neuem Licht zu sehen. Andere, bisher unbeachtete Bilder entdeckte ich erst in Schwarz-Weiß richtig. Nach zwei Jahren sporadischen Experimentierens fand ich wieder zum Spaß an der Arbeit in der Dunkelkammer zurück. Dabei gelang es mir – in meinem Fall auf virtuelle Art und Weise –, Fotos bei kürzerer oder längerer Belichtungszeit auf mehr oder weniger hartes Papier abzuziehen, indem ich stellenweise die Oberfläche anraute, um eine stärkere Bildschärfe zu erzeugen bzw. andere Bildbereiche durch Unterbelichtung verbarg.

Meine Bilder sind nicht »manipuliert«, allerdings wählte ich bei all den verschiedenen Optionen, die der digitale Schwarz-Weiß-Abzug bietet, die vielversprechendsten Möglichkeiten aus, um das beste Ergebnis zu erzielen. An die Stelle der Farbe traten hier nun vielfältige Lichtkombinationen und Kontraste.

Zu diesem Zweck entschied ich mich für die Software Silver Efex Pro, die mir am besten geeignet und am flexibelsten erschien. Über 25 Jahre bestand meine Fotoausrüstung aus Nikon-FM2-Spiegelreflexkameras mit manuellem Fokus. Vor etwa zwölf Jahren stellte ich auf Canon um; heute benutze ich eine Canon EOS 5D Mark III mit 12mm- bis 400mm-Objektiven, häufig mit ND-Filtern (Singh-Ray, Galen Rowell 2G und 3G). Gelegentlich fotografiere ich auch mit Stativ und Kugelköpfen von Really Right Stuff. Meine RAW-Dateien wurden mit DxO-Pro-Software bearbeitet.

Blick von oben beim Landeanflug über Reykjavík, Island, April 2014.

KARUNA-SHECHEN: MITGEFÜHL IN AKTION

Die Urheberrechte dieses Buchs sind in vollem Umfang humanitären Projekten gewidmet, die mit Unterstützung des gemeinnützigen Vereins Karuna-Shechen in Tibet, Nepal und Indien umgesetzt werden. Die über 130 Projekte wurden aus der Überzeugung heraus realisiert, dass kein Mensch wegen seiner Mittellosigkeit auf Bildung und medizinische Grundversorgung verzichten sollte.

Seit seiner Gründung im Jahr 2000 entwickelt Karuna-Shechen für örtliche Gemeinschaften bedarfsgerechte Programme, die zur Wahrung ihres einzigartigen Kulturerbes beitragen. Ein ganz besonderer Schwerpunkt liegt hierbei auf der Bildung und der Verbesserung der Lebensbedingungen von Frauen.

Heute sorgt der Verein Karuna-Shechen in 22 Kliniken für die Behandlung von über 120 000 Patienten pro Jahr und unterstützt maßgeblich das schulische Bildungswesen mit 21 Schulen für 20 000 Kinder. Karuna-Shechen baute auch Seniorenheime und Brücken und stattete mehrere Dörfer mit Solarstromversorgung und Regenwassersammelsystemen aus. Ebenso wurden mithilfe Karuna-Shechens zwölf traditionelle Handwerkskünste in Tibet erneut zum Leben erweckt. Zu alldem wurden Retreat-Zentren für Meditierende errichtet, über 400 alte Schriftbänder reproduziert und über 15 000 Fotografien rund um die Himalaya-Kunst archiviert.

Wer unser Engagement unterstützen möchte, kann sich direkt mit unserem Verein Karuna-Shechen, 20 bis rue Louis-Philippe, 92200 Neuilly-sur-Seine, in Verbindung setzen.

www.karuna-shechen.org
europe@karuna-shechen.org

DANK

Meine unendliche Dankbarkeit gehört meinen spirituellen Lehrmeistern, die jedem Augenblick meines Seins Richtung, Sinn und Freude verliehen haben – Kangyur Rinpoche, Dilgo Khyentse Rinpoche und Seine Heiligkeit, der 14. Dalai Lama.

Ein herzliches Dankeschön geht an Hervé de La Martinière für seine langjährige Unterstützung und unsere fruchtbare Zusammenarbeit.

Gleichfalls gilt mein besonderer Dank Emmanuelle Halkin und Valérie Gautier, die sich diesem Bildband von der Idee bis zur Umsetzung mit Wohlwollen und Sorgfalt gewidmet haben, sowie Carisse Busquet, die freundlicherweise die Texte lektoriert hat.

FREDERKING & THALER
www.frederking-thaler.de